KID PADDLE

FULL MÉTAL CASQUETTE

SCÉNARIO ET DESSIN : MIDAM
COULEURS : ANGÈLE

DUPUIS

Dans la série "Kid Paddle", en version cartonnée :

1. Jeux de vilains
2. Carnage total
3. Apocalypse boy
4. Full metal casquette
5. Alien chantilly
6. Rodéo Blork
7. Waterminator
8. Paddle... My name is Kid Paddle

D. 2003/0089/9 — Dépôt légal : janvier 2003
ISBN 2-8001-3429-1

Imprimé en Italie.

TIENS ?! NOUVEAU JEU ?
LE SUPER-TOP, MON VIEUX ! ET ON PEUT Y JOUER À DEUX !
IL FAUT D'ABORD CHOISIR SON COMBATTANT... CHOISIS UN CHIFFRE, KID !
EUH... LE TROIS A L'AIR SYMPA ...
BON, MOI JE PRENDS LE SIX.
ET QU'EST-CE QU'IL FAUT FAIRE ?
ON SE TIRE DESSUS AVEC LES ARMES "DIVISER", "ADDITIONNER", "SOUSTRAIRE" OU "MULTIPLIER". REGARDE !
ZAP
?
VOILÀ, JE T'AI MULTIPLIÉ AVEC MON SIX !
AH, OUAIS ! J'AI PIGÉ !
!
À MOI ! JE T'ADDITIONNE AVEC MON DIX-HUIT !
ZAP
HA! HA! BIEN JOUÉ !
MAIS QUEL EST LE BUT DU JEU ?
LE PREMIER QUI DEVIENT UN NOMBRE DÉCIMAL ILLIMITÉ A PERDU... TIENS, PRENDS ÇA !
UN QUOI ?
ZAP
MAIS OUI ! VINGT-QUATRE DIVISÉ PAR DIX-HUIT DONNE UN, VIRGULE TROIS, TROIS, TROIS, TROIS ... T'AS PERDU, KID !
AHA ! 2E NIVEAU ! CHOUETTE, ON PEUT UTILISER LES SYSTÈMES D'ÉQUATIONS LINÉAIRES, LES FONCTIONS TRIGONOMÉTRIQUES ET LES LOGARITHMES NÉPÉRIENS !
MMOUAIS, AU DÉBUT, J'AI CRU QUE ÇA ME PLAIRAIT...
134

TIENS ? UN CHÂTEAU DE SABLE...
TAP TAP TAP
HÉ, HÉ ! C'EST PAS MAL DU TOUT POUR LEUR ÂGE !
IL VA FALLOIR METTRE LES BOUCHÉES DOUBLES, LES GARS ! J'AI VU DE MAGNIFIQUES CHÂTEAUX, PAR LÀ !
ET ILS SONT AUTREMENT PLUS ÉLABORÉS QUE CES VULGAIRES PÂTÉS DE SABLE !
C'EST PAS DES PÂTÉS !
CE SONT LES DENTS !
CHOUETTOS, HEIN ?
QUELQUES ALGUES POUR TERMINER !
OOH ! FORMIDABLE ! C'EST D'UN GOÛT...
ET ON PEUT MÊME LE FAIRE PARLER !
JE SUIS LE MONSTRE DES DUNES ET JE DÉVORE LES PETITS ENFANTS !
EN PLUS, ÇA PEUT ÊTRE DANGEREUX !
HMM, TU AS COMPRIS QUE CE N'EST PAS UN VRAI MONSTRE ?
JE DÉVORE LES PETITS ENFANTS ÉGARÉS SUR LES PLAGES ET...
BROUF
ET VOILÀ : LE MONSTRE DES DUNES A FAIT UNE NOUVELLE PETITE VICTIME !
135

KID
SALUT KID! QU'EST-CE QUE TU FAIS ?
JE FAIBLIS ...
BOXING
HEIN? QUOI ? QU'EST-CE QUE TU DIS ?
TU DIVAGUES ...
BAM
AH, OUAIS ! HA! HA! J'AI PIGÉ! EXCELLENT!
C'EST TRÈS ASTUCIEUX COMME JEU DE MOTS !
TU ES TRÈS FORT !
BAM
FORT ALAMO ...
FORT ALAMO ! HA!HA! N'IMPORTE QUOI ! CELLE-LÀ, C'EST LA MEILLEURE !
HO! HO! FORMIDABLE! IL FAUT ABSOLUMENT QUE JE M'EN SOUVIENNE POUR RACONTER À MON PÈRE !
PERDS PAS LE NORD ...
KID
BAM
EUH... HORACE, ÇA VA?
ÇA VARIE ...
136

CALCUL
KID
ジャンプ!
TCHAK
CALCUL
137

MIAM
KRR
MMH
BURP
KRR
138

TRANSFORMER UN PARAPLUIE ?
EN DESSINANT SUR LA TOILE !
TU VAS VOIR: C'EST SUPERCOOL !
T'AURAIS DÛ LE PRENDRE. IL PLEUT DEPUIS CE MATIN.
MON PÈRE M'INTERDIT DE SORTIR AVEC ...
PEINTURE INDÉLÉBILE POUR LES YEUX ET LES DENTS ET BANDELETTES PLASTIQUE POUR LES BRAS...
TU REMARQUERAS QUE REPLIÉ, C'EST UN PARAPLUIE COMME TOUS LES AUTRES !
DÉMONSTRATION !
AAH !
ALORS ? MÉCHANT, COMME EFFET, HEIN ?
MAIS IL EST NORMAL, TON PARAPLUIE ...
MAIS ! ATTENDS ! C'EST PAS LE MIEN, C'EST CELUI DE MON PÈRE !
DE TON PÈRE ? ÇA VEUT DIRE QU'IL EST PARTI AVEC LE TIEN, ALORS ?
C'EST ENNUYEUX, ÇA ! IL DEVAIT ALLER À UN... UN...
UN QUOI ?
IL RESTERA POUR MOI UN EXEMPLE D'HOMME DE GOÛT...
139

120-4X-00
102-5X-034Z11
302-1X-01Z4-0
4Z+030146100
701-4X-11020
24-00-5X-754001
1000-10X-27010101
NORMALEMENT, AVEC UN VRAI LASER, TA TÊTE AURAIT EXPLOSÉ !
NORMALEMENT, AVEC UN VRAI PÈRE, TU RECEVRAIS UNE RACLÉE !
140

KID

AH ! SALUT, KID ! COMMENT VAS-TU ?
YAU DE POÊLE.
COMMENT VAS-TOYAU DE POÊLE ?!
GÉNIAL !
TRÈS FORT, LE KID !
BEN VOILÀ, FINI !
JE SUIS ARRIVÉ AU DERNIER NIVEAU !
HORACE
NI VEAUX NI COCHONS !
141

C'EST LA "TÊTE À COIFFER" DE MA SOEUR !
ÇA IRA ?
ABSOLUMENT PARFAIT !
RASSUREZ-VOUS, MADEMOISELLE : L'OPÉRATION NE DURERA QUE QUELQUES SECONDES ET EST PARFAITEMENT INDOLORE !
PAS DE PROBLÈMES POUR CE QUE TU M'AS DEMANDÉ : J'AI TOUT TROUVÉ !
... MÊME LES COMPRIMÉS EFFERVESCENTS D'ASPIRINE !
INDISPENSABLE !
IL Y EN AURA ASSEZ ?
VRRRRRRRRR
J'EN AI TROUVÉ PLEIN !
CINQ TUBES !
LE COLA EST À TEMPÉRATURE AMBIANTE...
TRÈS BIEN !
PCHIT
O.K., C'EST PARTI !
GLOUB GLOB
WOAW ! COOOOL ! C'EST RÉPUGNANT !
PCCHHHHHHHH
CRÉTIN.
PCHHHHHHHH
UNE PETITE EXPÉRIENCE INNOCENTE PU CONSTATE DÉGAGEMEN CO² DÛ AU E CARBONATE TAIT BOOSTÉ AR LA PRÉSEN DE L'ACIDIFIAN E334 RENFOR AR DU GLUCOSE ...
BAS LES PATTES ! ELLE LAISS TRAINER S STUPIDES JOUETS À LA CO
CE TYPE EST UN VRAI MANIAQU BON POUR L'ASILE DE FO REVENDS-LE OÙ TU L'AS ACHE
PCHHHA
PAS POSSIBLE ! Y A PLUS UNE SEULE ASPIRINE DANS CETTE MAISON ?!
142

CYIGAME
AÏE
AÏE
WC
CET IMBÉCILE A UNE ANCRE TATOUÉE SUR QUEL BRAS, ENCORE ?
BRAS DROIT.
PPFFFF
AH, OUI.. C'EST ÇA !
ARRÊTE DE RIRE, TU VAS NOUS FAIRE REPÉRER !
143

KID

SALUT, KID ! T'ATTENDS TON TOUR POUR LE NOUVEAU JEU, HEIN ?
PAS PU ENCORE L'ESSAYER : IL EST TOUJOURS OCCUPÉ...
AARGHH
IL Y A AUSSI UN NOUVEAU JEU TRÈS SYMPATHIQUE AU FOND DE LA SALLE !
KID
VOILÀ. C'EST CELUI-CI !
T'AS DE LA CHANCE, IL EST LIBRE...
QU'EST-CE QUE C'EST QUE ÇA ?!
DES PAPILLONS SUR COUSSIN D'AIR. TU DOIS LES ATTRAPER AVEC LE FILET !
IL A L'AIR NETTEMENT MOINS AMUSANT.
VVVWWWIIIIIW
MAIS REGARDE COMME C'EST JOLI, CES PAPILLONS DE TOUTES LES COULEURS !
C'EST POUR LES FILLETTES !
WWIIINWIIIIMMMW
UN JEU UN PEU MOINS VIOLENT NE PEUT PAS TE FAIRE DE MAL, VA !
COMMENCENT À M'ÉNERVER, CES BESTIOLES !
WWIIIIMMMMMIIIWM
HMPF
BROM
IL VERRA ENCORE DES PAPILLONS PENDANT QUELQUE TEMPS...
LE CHOC.
PETITS PETITS...
144

BROM BROM BROM
GÉNIAL ! TU L'AS EU, KID !
AHA ! JE PASSE AU DERNIER NIVEAU !
BONUS
MONSTERS
ON FERME DANS TROIS MINUTES ...
SUPER, CETTE LOUPE QUI AGRANDIT L'ÉCRAN !
PERSONNE N'EST JAMAIS ARRIVÉ AU DERNIER NIVEAU !
LAST STAGE
Y PARAÎT QUE LE MONSTRE FINAL EST PLUS GROS ET PLUS REPOUSSANT QUE TOUS LES AUTRES...
ON FERME DANS UNE MINUTE...
PLUS GROS ?!
ET PLUS REPOUSSANT ?!
OUAIS ! À CÔTÉ DE LUI, LOBOTOMISATOR EST UN BISOUNOURS !
JE SENS QU'IL EST LÀ...
TOUT PRÈS ...
ON FERME !
LE RÉPÉTERAI PAS !
MONSTERS
145

ALLEZ, LES GARS : IL ME RESTE QUELQUES CRÉDITS, JE VOUS PAIE UNE PETITE MÉTA-PILULE !
COOL !
META-PILL
CHIC ! J'AI UNE VERTE !
MES PRÉFÉRÉES !
TOURNÉE GÉNÉRALE !
PLOP
WOAW, VEINARD ! TU AS UNE PLOTONUX !
MIAM !
KID
ET TOI, ÇA DOIT ÊTRE ... DINOSORAX !
LE PETIT CHATOUILLEMENT QUI SE PRODUIT PENDANT LA CONVERSION CHIMIQUE DES CELLULES EST TRÈS AGRÉABLE...
HOP, À MOI !
J'AI UNE ROSE ...
TIENS ? C'EST BIZARRE. ÇA RESSEMBLE À ...
PERFORATOR IV ?
ÉCORCHATOR III ?
RIKIKI ! C'EST RIKIKI LE CANARD !
BEN, OUI ! LES PILULES ROSES SONT POUR LES PETITS ENFANTS !
DÉÇU, HEIN ?
COIN ! COIN !
COIN ! COIN !
COIN ! COIN !
COIN ! COIN !
RÉVEILLE-TOI, KID !
J'AI DIT À PAPY QUE TU AVAIS LA GRIPPE, ALORS IL EST VENU T'APPORTER UN PETIT CADEAU ...
C'EST L'HEURE DE TA PILULE ROSE !
COIN ! COIN !
LES GOSSES ADORENT RIKIKI !
147

PUNAISE ! IL Y EN A PARTOUT !
TIRE, KID ! TIRE !
P4-3E4R-56B-7
JE FAIS CE QUE JE PEUX ! CES TRUCS PULLULENT !
E-345C-94E-41-N
ATTENTION, UN GROS LAPIN !
ATTENDS, JE... JE.. JE RECHARGE !
MON LASER EST ENRAYÉ !
A4-R34-10-8-E4
LES CHATONS ! LES CHATONS REVIENNENT !
S-4T-38-DE-532
AH ! LA CULASSE SE DÉBLOQUE !
CONTINUE À TIRER !
LÀ ! LÀ ! FEU !
C34-L3A-4R3-KE
DOSE MAXIMUM !
148

KLIK
MMH.. LE MEILLEUR MOMENT DE LA JOURNÉE: LIRE UN BON LIVRE DANS UN BON FAUTEUIL AVANT QUE KID NE RENTRE DE L'ÉCOLE...
GRAT GRAT GRAT
AAAAH! ALLEZ-VOUS-EN, SALE BÊTE!
BLAM BLAM BLAM
BEN... C'EST TOI QUI FAIS TOUT CE PÉTARD?
CET ANIMAL A ENCORE GRIFFÉ MON FAUTEUIL!
BOAH, C'EST NORMAL: LES POMPONS L'EXCITENT...
LES POMPONS L'EXCITENT LES POMPONS L'EXCITENT, C'EST PAS UNE RAISON!
C'EST JUSTEMENT ÇA QUI FAIT LE STYLE!
JE NE VEUX PLUS QUE CE VANDALE À POILS S'APPROCHE DE MON FAUTEUIL!
ALLEZ! VA TE CALMER AU JARDIN! JE M'OCCUPE DE TOUT...
... SANS TOUCHER AUX POMPONS!
...
CE CHAT A DES RÉACTIONS ANORMALES!
FAUDRA LE FAIRE SOIGNER...
WAF
149

J'AI TROUVÉ EXACTEMENT CE QU'IL FAUT !
OPPENHEIMER
TOUT EST PRÊT... TU PEUX T'INSTALLER !
VOYONS VOIR.. ALORS CE JEU-CI, C'EST "BARBARIX LE CRUEL", ET L'AUTRE, "LES PETITS CANARDS AU PAYS DES CHAMPIGNONS".
J'AI EMPRUNTÉ LE SECOND À HORACE...
TU CROIS QUE CA VA MARCHER ?
PAS DE PROBLÈME !
JE TE BRANCHE D'ABORD SUR BARBARIX.
TIP
PAS DE DOUTE. C'EST BIEN LUI !
MAINTENANT TU DEVRAIS AVOIR "LES PETITS CANARDS..."
TIP TIP
MOUAIS.. CA DOIT ÊTRE CA. UN JEU POUR LES "3-4 ANS" !
OK ! PRÊT ?
FUSION !
TIP
PURÉE ! CA FONCTIONNE !
CA N'EN FAIT PAS UN JEU TROP SIMPLE, NON ?
IL FAUT SAVOIR PARFOIS RESTER SIMPLE !
COIN ! COIN ! BLAM BLAM COIN ! BLAM BLAM COIN ! COIN !
DITES, LES GARS ! VOUS N'AURIEZ PAS VU UN DE MES JEUX VIDÉO, PAR HASARD ?
PARCE QUE J'Y TIENS...
154

CONTRAIREMENT À CE QUE BEAUCOUP DE GENS PENSENT, LES VACHES ONT UN TEMPÉRAMENT TRÈS JOUEUR !
POUR S'EN RENDRE COMPTE, IL FAUT ATTENDRE LA NUIT.
CE N'EST QU'À L'ABRI DES REGARDS INDISCRETS QUE LES VACHES S'ADONNENT À LEUR JEU PRÉFÉRÉ :
SPROTCH
LA BAGARRE DE BOUSE DE VACHE !
CES BAGARRES DURENT EN GÉNÉRAL TOUTE LA NUIT.
SPROTCH
SPROTCH
AU PETIT MATIN, LES VACHES COMPTENT LEURS TACHES...
3 14 12 25 8 7
34 4 18 6 42
CELLE QUI EN A LE PLUS A PERDU...
VOILÀ POURQUOI LES VACHES ONT DES TACHES !
?
ÇA DOIT ÊTRE CELLE-CI QUI A PERDU !
151

JE FAIS "PHARYNX" ! AVEC LE "X" SUR LE TRIPLE...
52 POINTS !
UN QUOI ? JAMAIS ENTENDU. FAUT VÉRIFIER DANS LE DICO.
DICO
FARIBOLE... FARINE... FAROUCHE...
BEN, NON, ÇA N'EXISTE PAS.
ÇA S'ÉCRIT AVEC "PH" COMME DANS "ANALPHABÈTE" !
BON, ON ACCEPTE ! MAIS C'EST BIEN PARCE QUE J'AI BESOIN DE TON "X" !
OUUH ! BIEN JOUÉ !
MANIAXMAN ?! QU'EST-CE QUE C'EST QUE ÇA ?
UN JOLI PETIT COUP DE 112 POINTS !
ÇA FAIT MAL, HEIN ?
CE N'EST PAS VALABLE ! CE MOT N'EXISTE PAS !
MAIS SI, C'EST LE JEU VIDÉO AVEC LA HACHE DANS LE PENSIONNAT POUR FILLES, LA NUIT...
TU NE SAIS PAS PERDRE, VOILÀ LE VRAI PROBLÈME !
BON, À MOI !
JE RAJOUTE UN "S" À "MANIAXMAN"...
HOULÀ ! GROS POINTS, ÇA !
"PHARYNX" EXISTE ET "MANIAXMAN" N'EXISTE PAS...
TRICHEUR !
LE TOUT EST DE TOMBER SUR DE BONNES LETTRES...
COMME CELLE-CI...
ET ON NE CHOISIT PAS LES LETTRES !
BLAM
GLOP
LE JETON LETTRÉ ÉTAIT RESTÉ BLOQUÉ DANS LE PHARYNX...
VOUS VERREZ, ON EST TRÈS BIEN SOIGNÉ !
C'ÉTAIT UNE VOYELLE OU UNE CONSONNE ?
DANS LE QUOI ?
152

MAIS?! QUEL EST L'IMBÉCILE QUI A PRIS TOUT LE ...
... PAPIER W.C. ! ÇA DONNE BIEN, HEIN ? ET C'EST UN DÉGUISEMENT TRÈS ÉCONOMIQUE : ÇA N'A PAS COÛTÉ UN FRANC !
C'EST TON PÈRE QUI DOIT ÊTRE CONTENT !
TOUTANKHAMON N'AIME PAS ÊTRE RÉVEILLÉ !
GRRR
153

LES BONS TRUCS DE TANTE URSULE
Fragrances printanières, bouquets estivaux, arômes fleuris… Qui n'a pas rêvé d'emprisonner ces délicieuses senteurs ?
Madame
Vous pouvez à peu de frais fabriquer par vous-même une essence de parfum.
Laissez macérer dans un peu d'eau quelques pétales de fleurs dont vous aimez le parfum. (Les fleurs d'oranger ou de citronnelle donnent un très bon résultat.)
Recueillez ce délicieux nectar dans un compte-gouttes…
Et déposez délicatement quelques gouttes sur votre lampe de bureau.
Voilà !
Votre diffuseur de parfum est prêt à fonctionner !
Chaque fois que vous allumerez la lampe, le parfum délicat envahira votre pièce pour de longues heures…
?
Bien malin qui pourra dire que ce délicieux fumet émane de votre lampe ! *Merci, tante Ursule !*
150

ÇA Y EST! LE CHAMP DE GRAVITATION ...
BOING
BOING
... COMMENCE À S'AFFAIBLIR, ON EST EN ÉTAT...
COOL!
BOING
BOING
...D'APESANTEUR! CE SIMULATEUR DE VOL SPATIAL...
BOING
BOING
...EST TRÈS PERFORMANT!
ON SE SENT LÉGER, TRÈS LÉGER...
CE GOSSE EST LOURD... TRÈS LOURD À SUPPORTER...
156

JURASSIC RODEO
FUMP FOMP FOMP
FUMP FOMP
2 SECONDES 35 CENTIÈMES! PAS MAL DU TOUT!
TU PARLES! JE SUIS À 20 SECONDES DU RECORD...
LAISSEZ TOMBER, LES GARS!
J'AI LA SOLUTION POUR ASSOMMER CE RECORD UNE FOIS POUR TOUTES!
BEN, OUI... UNE SELLE! IL SUFFISAIT D'Y PENSER!
ASSIC RODEO
LE TOUT EST DE BIEN ATTACHER LES PIEDS À LA SELLE...
VOILÀ! VOUS POUVEZ LANCER...
...L'ANIMAL!
?
?
ASSIC RODEO
KLONK KLONK KLONK
ASSIC RODEO
3 MINUTES 52... EUH... LE TEMPS QU'ON RÉUSSISSE À ARRÊTER LA MACHINE...
RECORD BATTU!
YEAH!
UN RECORD QUI DURERA SÛREMENT QUELQUES MILLIONS D'ANNÉES...
158

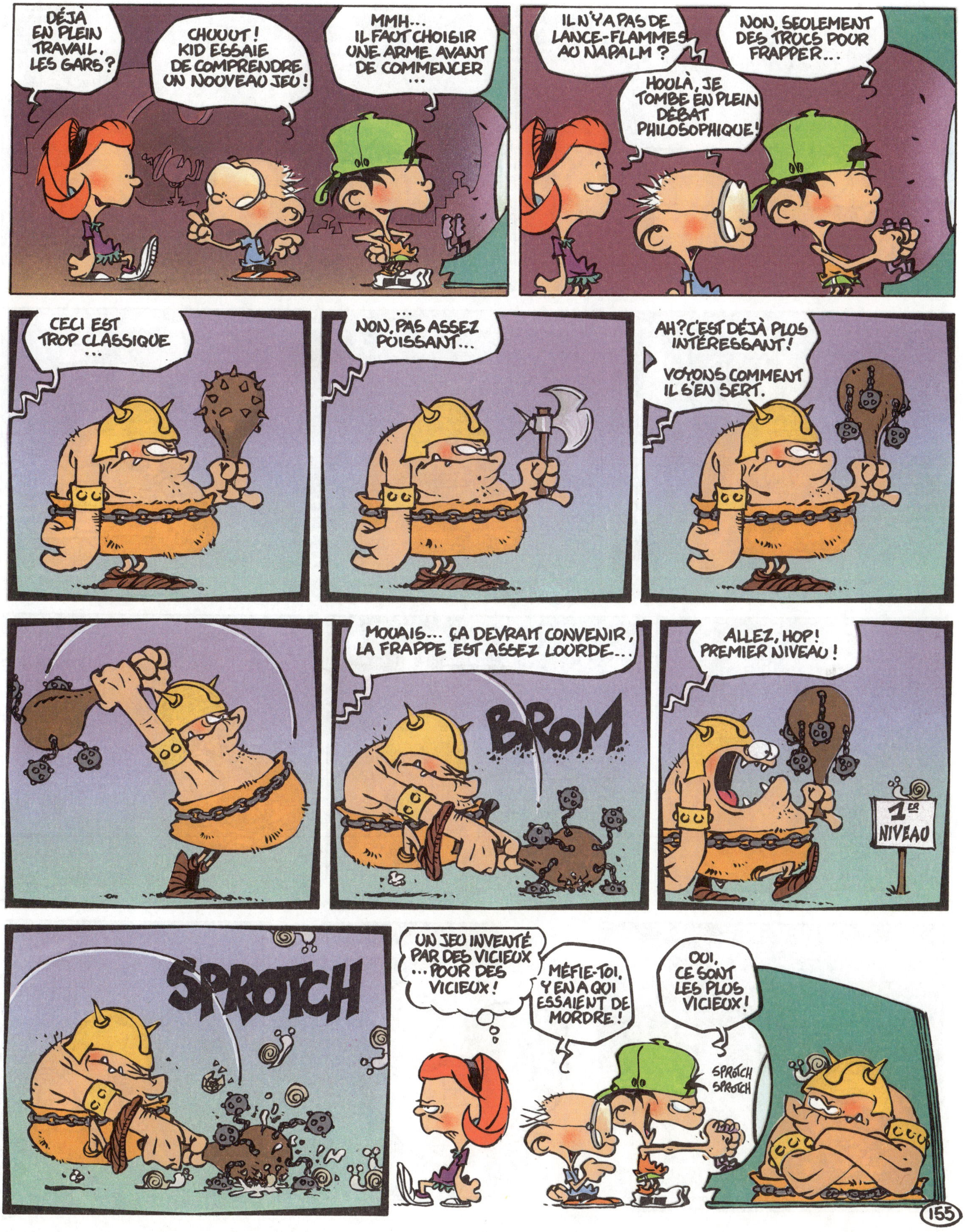

DÉJÀ EN PLEIN TRAVAIL, LES GARS ?
CHUUUT ! KID ESSAIE DE COMPRENDRE UN NOUVEAU JEU !
MMH... IL FAUT CHOISIR UNE ARME AVANT DE COMMENCER ...
IL N'Y A PAS DE LANCE-FLAMMES AU NAPALM ?
NON, SEULEMENT DES TRUCS POUR FRAPPER...
HOULÀ, JE TOMBE EN PLEIN DÉBAT PHILOSOPHIQUE !
CECI EST TROP CLASSIQUE ...
... NON, PAS ASSEZ PUISSANT...
AH ? C'EST DÉJÀ PLUS INTÉRESSANT !
VOYONS COMMENT IL S'EN SERT.
MOUAIS... ÇA DEVRAIT CONVENIR, LA FRAPPE EST ASSEZ LOURDE...
BROM
ALLEZ, HOP ! PREMIER NIVEAU !
1ER NIVEAU
SPROTCH
UN JEU INVENTÉ PAR DES VICIEUX ... POUR DES VICIEUX !
MÉFIE-TOI, Y EN A QUI ESSAIENT DE MORDRE !
OUI, CE SONT LES PLUS VICIEUX !
SPROTCH SPROTCH
155

Sortie
?
BLAM
HA! HA! HA!
BLAM
HA! HA!
HA! HA!
TOK
157A

FRISBEE
HMPF
BLAM
HA! HA!
SPROTCH
CITY
1578

PRENEZ UNE POMME POUR LE DESSERT ! ELLES ÉTAIENT EN PROMO AU MARCHÉ... ELLES VIENNENT D'AMÉRIQUE DU SUD !
FORMIDABLE ! MON DESSERT PRÉFÉRÉ !
CHIC !
QUAND TU AURAS VU ÇA, TU NE POURRAS PLUS TE PASSER DE POMMES !
REGARDE ...
CRUNCH
IL FAUT D'ABORD L'ÉPLUCHER ET FAIRE DES TROUS POUR LES YEUX ET LA BOUCHE...
...ENSUITE TU PLANTES DEUX CLOUS DE GIROFLE POUR LES YEUX ET DES GRAINS DE RIZ POUR LES DENTS...
VOILÀ ! LA TÊTE EST PRÊTE !
OUAIS... BEN, T'ES MEILLEUR EN MATH QU'EN SCULPTURE !
HA ! HA ! ATTENDS, C'EST ICI QUE ÇA DEVIENT INTÉRESSANT ! IL FAUT LA LAISSER SÉCHER DEUX SEMAINES DANS UN ENDROIT CHAUD ET SEC.
POURQUOI ?
JE PEUX REPRENDRE UNE POMME ?
LA POMME VA SE RIDER ET SE RATATINER DU FAIT DE L'ACTION OXYDANTE DE L'AIR SUR LES TISSUS PARENCHYMATEUX DU VÉGÉTAL. MARRANT, NON ?
ELLES SONT BELLES MES TÊTES RÉDUITES, ELLES SONT BELLES !
AUTHENTIQUES ! MON PÈRE ME LES A RAPPORTÉES D'AMÉRIQUE DU SUD !
C'EST POUR OFFRIR ?
50 F
50 F
159

ON VA ESSAYER SUR CELUI-CI...
IL EN FAUT DEUX.
KLING KLING
BEN, C'EST L'INSTANT DE VÉRITÉ...
ON VA SAVOIR...
DING
BINGO ! ÇA MARCHE !
NEW GAME
Y A PAS À DIRE : T'ES GÉNIAL !
C'EST DEUX FOIS RIEN... JE N'AI PAS INVENTÉ L'EAU CHAUDE, TU SAIS !
BIZ
MMH... LA RÉCOLTE DES PETITS SOUS. LE MEILLEUR MOMENT DE LA JOURNÉE !
KLING KLING
CITY GAME
CELUI-CI DOIT ÊTRE PLEIN À RAS BORD : ON Y A JOUÉ TOUT L'APRÈS-MIDI !
MIAM !
CITY GAME
?
FLOOTCH
INCROYABLE QUE CES FONDS DE CAPSULE AIENT LA MÊME TAILLE QU'UNE PIÈCE, HEIN ?
AU CENTIÈME DE MILLIMÈTRE ! ET EN TENANT COMPTE DU COEFFICIENT DE DILATATION DE LA GLACE !
160

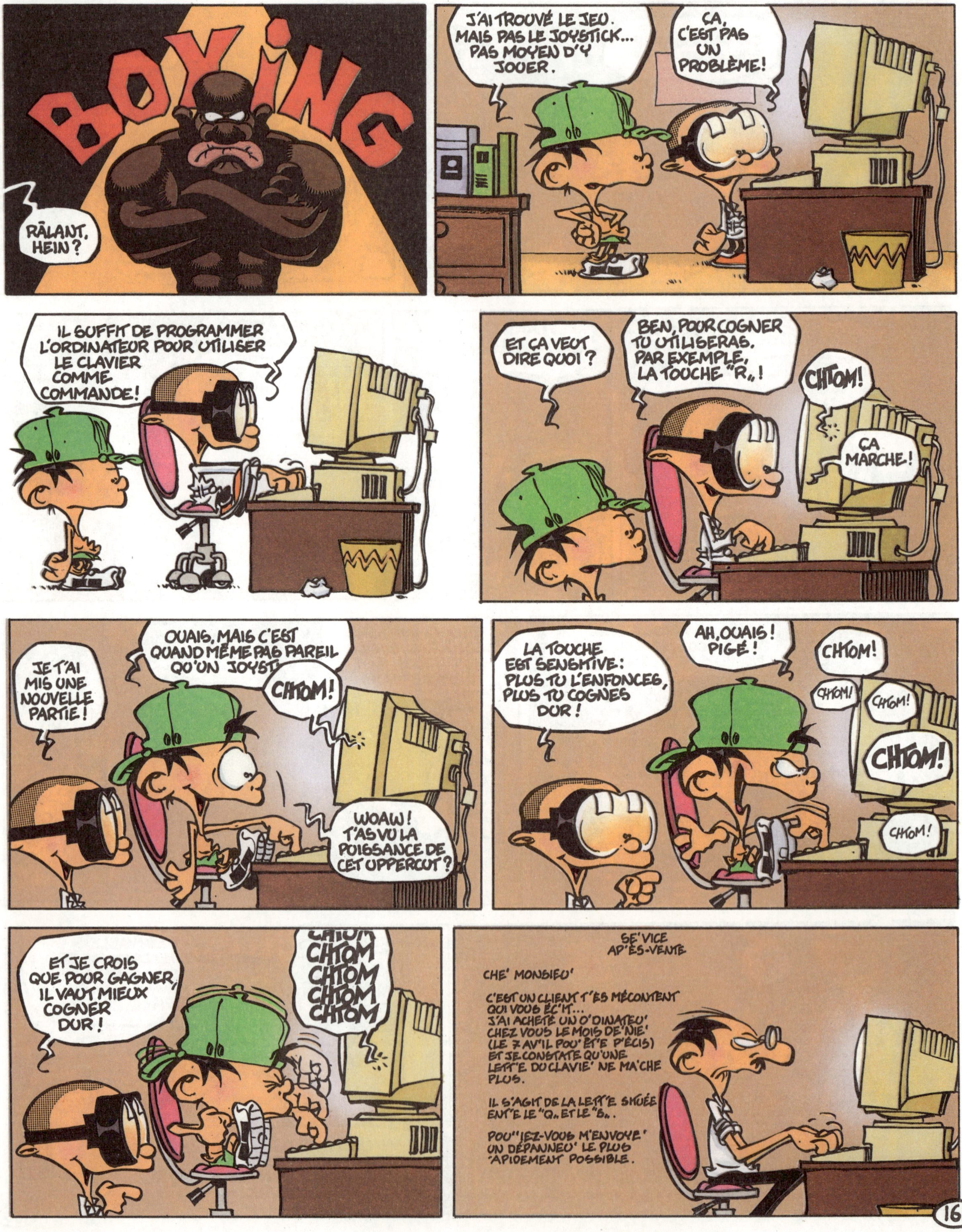
BOXING
RÂLANT, HEIN ?
J'AI TROUVÉ LE JEU. MAIS PAS LE JOYSTICK... PAS MOYEN D'Y JOUER.
ÇA, C'EST PAS UN PROBLÈME !
IL SUFFIT DE PROGRAMMER L'ORDINATEUR POUR UTILISER LE CLAVIER COMME COMMANDE !
ET ÇA VEUT DIRE QUOI ?
BEN, POUR COGNER TU UTILISERAS, PAR EXEMPLE, LA TOUCHE "R" !
CHTOM !
ÇA MARCHE !
JE T'AI MIS UNE NOUVELLE PARTIE !
OUAIS, MAIS C'EST QUAND MÊME PAS PAREIL QU'UN JOYST
CHTOM !
WOAW ! T'AS VU LA PUISSANCE DE CET UPPERCUT ?
LA TOUCHE EST SENSITIVE : PLUS TU L'ENFONCES, PLUS TU COGNES DUR !
AH, OUAIS ! PIGÉ !
CHTOM !
CHTOM !
CHTOM !
CHTOM !
CHTOM !
ET JE CROIS QUE POUR GAGNER, IL VAUT MIEUX COGNER DUR !
CHTOM CHTOM CHTOM CHTOM CHTOM
SE'VICE AP'ÈS-VENTE
CHE' MONSIEU'
C'EST UN CLIENT T'ÈS MÉCONTENT QUI VOUS ÉC'IT... J'AI ACHETÉ UN O'DINATEU' CHEZ VOUS LE MOIS DE'NIE' (LE 7 AV'IL POU' ÊT'E P'ÉCIS) ET JE CONSTATE QU'UNE LETT'E DU CLAVIE' NE MA'CHE PLUS.
IL S'AGIT DE LA LETT'E SITUÉE ENT'E LE "Q" ET LE "S".
POU''IEZ-VOUS M'ENVOYE' UN DÉPANNEU' LE PLUS 'APIDEMENT POSSIBLE.
161

NE ME DIS PAS QUE TU ÉTUDIES, JE NE TE CROIRAI PAS...
BEN, NE ME CROIS PAS...
LABYRINTHE ?
OUAIS ! UN CHUPERGÉANT ! CHUIS PRECHQUE AU BOUT...
J'AIME BIEN LES LABYRINTHES ! C'EST TRÈS BON POUR LE SENS DE L'ORIENTATION...
TU VEUX LE TERMINER ?
LE DERNIER QUE J'AI FAIT REPRÉSENTAIT UN CHAMP DE PETITES FLEURS !
ICI, CE SONT DES PETITS NUAGES. NON ?
NON.
CE SONT DES PETITS INTESTINS...
BEURK ! BEURK !
DÉGUEULASSE !
JE NE TE RACCOMPAGNE PAS, TU TROUVERAS BIEN LA SORTIE TOUTE SEULE...
162

HORROR
MMH
BLAM
BLAM
AAAARGLL
BLAM
BLOB
BLOB
BLOB
BLOB
?
BLOB
POF
POF
POF
163A

MUSEUM
...IL PARAÎTRAIT QUE C'EST UN PARASITE TRÈS RARE QUI SQUATTE LES CASQUETTES LA NUIT...
ET TU VAS RESTER COMME ÇA ?
T'AS VU ? J'AI ENFIN RÉUSSI À L'EMMENER CHEZ LE COIFFEUR !
JOLIE PERFORMANCE !
1638

57.58.59... UNE MINUTE !
BON, ON PEUT LES RETOURNER ...
CE SONT DES COUPLES D'IMAGES: CHAQUE IMAGE A UN DOUBLE QU'IL FAUT RETROUVER.
HA, OUI, JE CONNAIS CE JEU!
TRÈS BON POUR LA MÉMOIRE!
PAR EXEMPLE, J'EN PRENDS UNE AU HASARD...
C'EST LE CRÂNE ...
L'AUTRE CRÂNE EST ICI ?
NON, RATÉ!
IL EST ICI!
BIEN VU, TU PEUX REJOUER ...
MMH..DRACOLA.
ATTENDEZ... JE CROIS QUE L'AUTRE EST ...
OUAIS! IL EST ICI!
SUIVANTE!
LES DEUX TÊTES DÉCAPITÉES, ICI ! LES DEUX GROSSES ARAIGNÉES, ICI !
IL EST TRÈS FORT!
J'AI LU QUE CERTAINS DÉBILES MENTAUX PEUVENT DÉVELOPPER UNE MÉMOIRE SPECTACULAIRE...
LES CERVEAUX, ICI ! LES ASTICOTS, ICI ! YES, MAN !
CALME-TOI, HORACE!
OUPS !
BRONK
BONJOUR, MADAME ...
PETITE PERTE PASSAGÈRE DE MÉMOIRE... JE SAIS, C'EST TRÈS SPECTACULAIRE: IL NE SE SOUVIENT MÊME PAS DE MOI...
164

HÉ, HORACE ! ACCROCHE-TOI, J'EN AI UNE BONNE !
KOT KOT
QUELLE EST LA DIFFÉRENCE ENTRE MIRADOR ET UN PIT-BOLL ENRAGÉ ?
ATTENDS... EUH... NON, JE NE VOIS PAS ...
QUOI ?! TU NE VOIS PAS LA DIFFÉRENCE ?!
BEN MON VIEUX, TU PEUX PRENDRE RENDEZ-VOUS CHEZ TON OPTICIEN ! HA ! HA !
ELLE EST EXCELLENTE !
HA ! HA !
HÉ, BIGBANG ! ACCROCHE-TOI, J'EN AI UNE BONNE !
QUELLE EST LA DIFFÉRENCE ENTRE MIRADOR ET UN PIT-BOLL ENRAGÉ ?
HMM... NON, JE NE VOIS PAS ...
GAME
SIN
QUOI ?! T'ES SÛR ?! TU NE VOIS PAS LA DIFFÉRENCE ENTRE MIRADOR ET UN PIT-BOLL ENRAGÉ ?
CITY
Y EN A PAS. LES DEUX ATTAQUENT ...
BEN MON VIEUX, TU PEUX PRENDRE RENDEZ-VOUS CHEZ TON OPTICIEN !
165

LE LOCH NESS EST UN LAC D'ÉCOSSE TRÈS PROFOND QUI ABRITE PLUS QUE VRAISEMBLABLEMENT UN MONSTRE PRÉHISTORIQUE VIVANT ...
ANGLETERRE
Géographie
ATTENDU QU'UN VAMPIRE A BESOIN D'UNE RATION DE 25 DÉCILITRES DE SANG PAR NUIT, CALCULEZ-MOI LE NOMBRE DE VICTIMES, SACHANT QUE ...
MIAM
Maths
2,5 l
CONTRAIREMENT À UNE FAUSSE CROYANCE, CE N'EST PAS LE DOCTEUR GUILLOTIN QUI INVENTA LA GUILLOTINE MAIS LE DOCTEUR LOUIS EN 1792 ...
Histoire
VOILÀ !
N'OUBLIEZ PAS DE COLORIER LES PUSTULES EN ROUGE...
Dessin
... AVEC UN RACLEMENT SOURD, VIRGULE, LA PIERRE TOMBALE GLISSA LENTEMENT, POINT, À LA LIGNE. JE VIS UNE HORRIBLE MAIN DÉCHARNÉE EN SORTIR, VIRGULE...
Dictée
La nuit des morts-vivants.
Conjugaison
VOUS AVEZ DIX MINUTES POUR CONJUGUER CECI AU PASSÉ SIMPLE ET AU FUTUR ANTÉRIEUR...
Lobotomiser
... ET À L'INTERSECTION DES DEUX ENSEMBLES, ON TROUVE ET DES CERVEAUX ET DES CRÂNES ...
A
B
TRÈS GENTIL DE M'AVOIR REMPLACÉ POUR LA MATINÉE... EUH...
VOTRE CLASSE EST TRÈS RÉCEPTIVE AUX NOUVELLES TECHNIQUES D'ENSEIGNEMENT ADAPTÉES AUX CENTRES D'INTÉRÊT DES JEUNES !
166

LE PREMIER SYMPTÔME EST UNE LÉGÈRE FIÈVRE.
LES FURONCLES APPARAISSENT APRÈS LE DEUXIÈME JOUR...
...À PEU PRÈS EN MÊME TEMPS QUE LE GONFLEMENT DES PIEDS.
LE DÉRÈGLEMENT CAPILLAIRE SURVIENT APRÈS LE TROISIÈME JOUR.
AU QUATRIÈME JOUR, ON CONSTATE UN DÉBUT D'ATROPHIE DU THORAX ET DES MEMBRES SUPÉRIEURS...
...QUI SE TERMINE PAR UNE DILATATION ANORMALE DU NEZ ET DES OREILLES.
APRÈS UN ÉTAT STATIONNAIRE, UNE CRISE DE HOQUET COMPULSIF PEUT SURGIR.
HIC!
HIC!
HIC!
HIC!
À PARTIR DU SIXIÈME JOUR, LES FURONCLES SE METTENT À ENFLER...
CE QUI PROVOQUE DE FORTES DÉMANGEAISONS...
HIARK
HIAR
HIARG
QUI, ELLES-MÊMES, DÉCLENCHENT L'EXPLOSION DES FURONCLES...
PLOF
PLOF
PLOF
PLOF
PLOF
OUI, MAIS LE DOCTEUR A DIT QUE C'ÉTAIT JUSTE UN PETIT DÉBUT DE GRIPPE!
LES DOCTEURS RACONTENT N'IMPORTE QUOI, C'EST BIEN CONNU!
...PROVOQUANT L'EXPLOSION DU CERVEAU DU PATIENT.
CURIOSITÉS MÉDICALES
ÉDITIONS DE L'INSOUTENABLE
167

MMM
BONK
BONK
BONK
GAWW
TCHAK
ARG!
ARG!
ARG!
GAWW
TCHAK
GAWW
TCHAK
168A

GAWW
TCHAK
ARG! ARG! ARG!
OH!
GAWW
KROUK
?
BOM BOM BOM
BONK BUNK BUNK
1688

Excamen
BON, TOUT LE MONDE A PRIS L'ÉNONCÉ DU PROBLÈME DE CALCUL ?
TRÈS BIEN, VOUS POUVEZ COMMENCER.
MIAM
KRTCH KRTCH
KID
PÔÔÔÔT
THEU THEU THEU
SNIRFL SNIRFL SNIRFL SNIRFL SNIRFL
MMMM
ATCHAA
...
KRTCH KRTCH
QUOI ?! 135 ? MAIS TU AS FAIT 1135 ! ON N'AVAIT PAS DIT : ÉTERNUER POUR LES MILLIERS ? SE MOUCHER POUR LES CENTAINES ? TOUSSER POUR LES DIZAINES ? RENIFLER POUR LES UNITÉS ?
OUI, MAIS J'AI PAS ÉTERNUÉ EXPRÈS...
J'AI FAIT SIGNE MAIS T'AS PAS VU !
ET POUR FAIRE LA VIRGULE, IL DEVAIT FAIRE UN PP
C'EST VRAI ?
169

POUR RÉUSSIR UN PUZZLE, IL FAUT TOUJOURS COMMENCER PAR LES BORDS.
DRÔLE D'IDÉE DE FAIRE ÇA ICI: DANS LE SALON DE MON PÈRE...
C'EST PARCE QUE C'EST UN PUZZLE AVEC UN DESSIN SUR CHAQUE FACE!
... ET GRÂCE À LA TABLE EN VERRE, ON POURRA VOIR LES DEUX DESSINS!
EN DESSOUS C'EST "POSTULAX" AVEC SON LASER!
COOL!
ET SUR CETTE FACE-CI C'EST "GARGOUILLATOR" AVEC SA HACHE!
GARGOUILLATOR!
DEUX PUZZLES POUR LE PRIX D'UN, QUOI!
POSTULAX!
GARGOUILLATOR!
OUAIS, BON! ÇA VA... ON A COMPRIS...
POSTULAX!
GARGOO...
DZING
DONC, TOUJOURS COMMENCER PAR LES BORDS...
170

GRMBL... EN PANNE...
HORS SERVICE
BLBL GBL
?
BLGHBL
PFF... ILS NOUS ONT ENCORE GÂTÉS, CE SOIR...
QUEL BÊTE FILM !
NON ! NON ! NOOOOO
"UN MONSTRE AFFAMÉ ERRE DANS LES COULOIRS D'UN IMMEUBLE. UN JOUR, L'ASCENSEUR TOMBE EN PANNE..."
BRAVO !
NAROON BLBGL
ABSOLUMENT NAVRANT...
?
TV
ON PARLE DANS LE COULOIR...
JE SUIS MONTÉ PAR LES ESCALIERS...
PARCE QUE L'ASCENSEUR EST EN PANNE !
COURAGE, PLUS QU'UN ÉTAGE !
TU ME GÂTES POUR MON ANNIVERSAIRE, IL EST MAGNIFIQUE !
HEUREUSEMENT, UN PRÉSENTOIR EN CARTON, C'EST TRÈS LÉGER !
HORS SERVICE
171

CLIK
DZZZZZZZZZZZ
?
HIAR !
ÉLIXIR DE JEUNESSE
GAME OVER
HO!HO! QUELLE VITALITÉ ! ÇA FAIT PLAISIR À VOIR !
EH,OUI... IL FAUT QUE JEUNESSE SE PASSE...
172

TIENS? LE FUSIL À EAU DE KID!
HÉ! HÉ! C'EST QUAND MÊME BIEN FAIT...
AH, OUI! IL Y A UN SYSTÈME DE POMPE POUR AVOIR UN JET D'EAU CONTINU...
FOMP FOMP FOMP
JE ME DEMANDE QUELLE EST LA PRÉCISION DE CE BIDULE... AH! IL A INSTALLÉ UNE CIBLE!
JE NE CRAIGNAIS PERSONNE AUX EXERCICES DE TIR À L'ARMÉE...
J'AI MÊME GAGNÉ QUELQUES PRIX!
MA PRÉCISION EN A FAIT BAVER QUELQUES-UNS!
GAW
GAW
PCHHHHHH
GAW
GAW
POUR TIRER DANS LES COINS, C'EST PARFAIT: ÇA REBONDIT... MAIS QU'EST-CE QUE C'EST GLUANT!
NORMAL! MON PRODUIT A UN HAUT COEFFICIENT D'ÉLASTICITÉ MAIS AUSSI DE VISCOSITÉ, C'EST INÉVITABLE!
173

Sortie
146A

Sortie
GNAP!
1468

LASER